Anja Kieffer | Katja Pagel

Omas Reise zu den Sternen

Ein Kinderbuch
zu Tod und Trauer

Inhalt

Einleitung

Das ist die Geschichte von Emilias Oma.
Es ist die Geschichte von ihrem Tod.
Und es ist die Geschichte von Emilias Traurigkeit.

Und wenn du gerade auch traurig bist, dann hilft dir die Geschichte vielleicht, weil du siehst, dass du nicht allein bist mit deiner Traurigkeit.
Ich glaube nämlich, dass es guttut, darüber zu sprechen. Dann ist die Traurigkeit nicht mehr nur in dir drin, sondern kommt mit den Worten ein bisschen raus.

Emilias Oma

Emilias Oma war nicht nur ihre Oma. Emilias Oma war auch ihre Freundin. Nur eben eine alte Freundin, aber Freundschaft hat ja überhaupt nichts mit dem Alter zu tun. Und außerdem war Emilias Oma auch gar nicht so wie die meisten Erwachsenen. Emilias Oma war eigentlich wie ein Kind, wirklich! So zauberhaft, wie Emilias Oma spielen konnte, können nämlich nur Kinder spielen.

Emilias Oma spielte am liebsten »Eins, zwei, drei – Verzauberei«, wie sie es nannte. Mit bunten Tüchern verkleideten sie sich dann, schminkten sich mit Omas echter Schminke und tanzten mit glitzernden Zauberstäben durch die Wohnung. Dabei dachten sie sich witzige Zaubersprüche aus, verwandelten sich gegenseitig und die ganze Welt um sich herum.

Emilia mochte es am allerliebsten, wenn Oma die große, bunte Decke über den Wohnzimmertisch legte, die dicken Kissen vom Sofa holte und damit ihre Höhle ausstaffierte. Dann kuschelten sie sich mit Keksen und Saft ein und versteckten sich vor der ganzen Welt. Da unten in der Höhle erzählte Emilias Oma die zauberhaftesten Geschichten.

Ausgedachte Geschichten von Feen, Elfen und wunderschönen Rittern. Und meistens auch von ein bisschen Verliebtheit, sodass es aufgeregt kribbelte im Herzen. Dann kicherten sie, Emilia und ihre Oma. Emilia liebte dieses Kichern, denn ihre Oma kicherte mit dem ganzen Körper. Alles wackelte an ihr. Am allerschönsten aber waren ihre Augen, die leuchteten Emilia dann entgegen wie Funkelzaubersterne. Und das war echte Zauberei, denn dann fühlte sich Emilia jedes Mal ganz glücklich.

Oma ist gestorben

Die Morgensonne scheint durch das Fenster in Emilias Zimmer. Sie blinzelt, streckt sich und schwingt sich freudig aus dem Bett. Heute ist Samstag und Samstag ist Oma-Tag. Oh, wie schön! Barfuß hüpft sie in die Küche und dreht sich dabei einmal um sich selbst.

Aber in der Küche ist etwas anders. Das merkt Emilia sofort. Papa steht am Fenster und Mama streicht ihm über den Rücken. Es ist merkwürdig still und Emilia bleibt einfach stehen. Sie fühlt sich sehr unwohl und plötzlich spürt sie einen dicken Klumpen in ihrem Bauch.

Mama dreht sich um und schaut Emilia an. Mamas Blick ist ganz ernst. Plötzlich hat Emilia Angst, dass sie etwas Schlimmes gemacht hat. Doch da kommt Mama zu ihr und nimmt sie in den Arm. Aber auch das fühlt sich nicht gut an. Emilia wird ganz steif. Steif wie ein Stock. Sie will wissen, warum alle so still und ernst sind. Aber eigentlich will sie es auch nicht wissen. Emilia hat Angst davor, weil sich alles so schlimm anfühlt.

Papa kommt jetzt auch zu ihr. Mama und Papa sind beide ganz nah bei ihr. Und ihre Augen sind jetzt warm und liebevoll. Da ist Emilia froh, weil sie merkt, dass niemand böse auf sie ist. Aber dann sagt Mama, dass etwas sehr Trauriges passiert ist. Sie sagt, dass Oma eingeschlafen ist und nicht mehr aufwacht.

Überrascht sieht Emilia Mama an. Erwachsene sind komisch, denkt Emilia. Wirklich komisch. Man muss die Oma doch nur aufwecken. Das ist nicht schwer. Emilia weiß genau, wie das geht. Oma hat eine große weiße Feder. Mit der muss man ihr einfach nur ganz zart durchs Gesicht streicheln. Über die Nase, die Augen, die Stirn, das Kinn. Oma hört zwar nicht mehr so gut, aber fühlen kann sie noch. Am liebsten die schönen Gefühle, sagt Oma immer. Und so erklärt Emilia Mama und Papa das dann auch.

Doch da fängt Papa plötzlich an zu weinen. Richtige Tränen. Emilia ist ganz erschrocken und dann sagt Mama, dass Oma gestorben ist. Gestorben, denkt Emilia – sie kennt das Wort. Sie hat es schon gehört. Gestorben heißt, dass jemand tot ist. Aber Emilia weiß gar nicht so genau, was das bedeutet.

»Kann ich Oma heute trotzdem besuchen?«, fragt Emilia. Ihre Stimme zittert leicht.

»Nein, Liebes«, sagt Mama. »Du kannst Oma nicht mehr besuchen.« Und so wie Mama das sagt, weiß Emilia, dass das jetzt für immer ist. Und da bekommt sie so ein Ziehen in der Brust und der Klumpen im Bauch wird noch größer. Emilia hat das Gefühl, dass sie gar nicht mehr richtig atmen kann.

Sie befreit sich aus Mamas Umarmung und rennt so schnell sie kann in ihr Zimmer. Dort wirft sie sich aufs Bett und versteckt sich unter der Decke. Mama klopft an ihre Tür.

»Geh weg!«, ruft Emilia.

Mama fragt, ob Papa kommen soll.

»Nein!«, ruft Emilia. »Oma soll kommen!«

Da kommt Mama doch ins Zimmer, obwohl Emilia Nein gesagt hat. Und das macht Emilia richtig wütend! Sie schreit Mama an, dass sie weggehen soll. Aber Mama bleibt ganz ruhig. Sie setzt sich einfach zu Emilia aufs Bett und streichelt ihr den Rücken unter der Decke. Doch Emilia will das nicht. Sie wirft die Decke weg und ruft: »Du sollst mich in Ruhe lassen!« Zu groß ist jetzt die Wut. Aber Mama geht nicht. Sie sieht Emilia einfach nur mit großen traurigen Augen an. Und da muss Emilia an Omas Augen denken. Omas Funkelzauberaugen. Die waren nie traurig.

Und nun kann sie Omas Augen nie wieder sehen. Und wie sie das denkt, ist plötzlich alle Wut weg und sie ist nur noch furchtbar traurig. Sie kann gar nichts machen außer weinen. Das kommt ganz tief aus Emilias Bauch. Es schüttelt sie richtig durch. Emilia bekommt kaum Luft dabei und hat das Gefühl, dass das nie mehr aufhört.
Mama hält Emilia die ganze Zeit fest. Aber dann, nach einer Weile, hört es doch wieder auf. Ganz von alleine. Emilia ist ziemlich schwach und erschöpft vom vielen Weinen. Aber der Klumpen im Bauch ist kleiner geworden und Emilia kann wieder besser atmen. Das tut gut.
Mama streicht Emilia die Haare aus dem Gesicht.
»Geht es dir besser?«, fragt Mama ganz ruhig.
»Ja«, sagt Emilia. »Aber warum ist Oma denn ausgerechnet heute gestorben? Heute ist doch unser Tag!«
»Ach, Liebes, weißt du, wir suchen uns nicht aus, wann wir sterben. Der Tod kommt, wann er will«, sagt Mama.
»Wer ist denn der Tod?«, fragt Emilia.
»Der Tod ist keine Person. Tod ist nur ein Wort. Es bedeutet das Ende unserer Zeit auf der Erde«, erklärt Mama ihr.
Emilia denkt einen Moment darüber nach. Tod ist nur ein Wort, das heißt, dass Oma nicht mehr auf der Erde ist.

Aber irgendwo muss sie doch sein.

»Wo ist Oma denn jetzt? Im Himmel?«, fragt Emilia. Das hat sie nämlich mal gehört, dass alle Menschen, die gestorben sind, in den Himmel kommen.

Mama lächelt Emilia an.

»Ja, es gibt Menschen, die glauben das«, sagt Mama.

»Und was glaubst du?«, fragt Emilia leise.

Mama fährt sich mit dem Zeigefinger über die Nase. Das macht sie oft, wenn sie nachdenkt.

»Ich glaube, das Leben ist eine Reise. Eine Reise, die schon lange vor unserer Zeit auf der Erde beginnt und die auch danach nicht aufhört.«

So ganz versteht Emilia das nicht.

Aber dann erzählt Mama die Geschichte von den Sternen:

Es waren einmal vier kleine Sterne, die funkelten und glitzerten jede Nacht am Himmel um die Wette. Die vier Sterne waren beste Freunde und machten alles zusammen. Manchmal spielten sie Verstecken hinter der Milchstraße. Oder sie kitzelten den guten alten Mond so lange, bis er vor Lachen niesen musste und sie in alle Richtungen glitzernd davonflitzten. Wenn die Sonne kam, kuschelten sie sich dicht aneinander und wurden im hellen Licht unsichtbar. Bis es wieder dunkel wurde und sie strahlend hell am Himmel leuchteten.

Doch eines Nachts hielt ein Stern mitten in ihrem lustigen Treiben inne und lauschte. Ihm war, als würde ihn jemand rufen. Er drehte sich in alle Richtungen. Die anderen Sterne kamen zu ihm und sahen ihn fragend an.
»Was ist mit dir?«, wollten sie wissen.
»Hört ihr das denn nicht?«, fragte er verwundert zurück.
Aber die anderen schüttelten bloß den Kopf und zogen ihn weiter zum Spielen.
Doch von da an hörte der kleine Stern das Rufen jede Nacht.

Es war ein liebevolles Rufen. Es klang wie eine Einladung. Und dann, in einer besonders klaren Nacht, da wusste der kleine Stern plötzlich, woher das Rufen kam. Es kam von der Erde. Und er wollte nichts anderes mehr als dorthin zu gehen. Dorthin, wo jemand auf ihn zu warten schien und ihn Nacht für Nacht so liebevoll rief.
Das sagte er seinen Freunden.
Der erste Stern war wütend und rief: »Was? Du willst von uns weggehen? Du magst uns wohl nicht mehr!« Und er drehte ihm den Rücken zu.
Der zweite Stern lachte bloß und sagte: »Du machst doch nur Spaß! Ich glaube dir nicht!«
Der dritte Stern wusste nicht, was er sagen sollte. Also sagte er nichts.
Der kleine Stern entschuldigte sich. Er wollte seinen Freunden nicht wehtun. Aber das Rufen war inzwischen so stark, dass ihm das Herz wehtat, wenn er nicht ginge.
Auf einmal spürten die Freunde, dass es ihm ernst war, und sie wurden sehr, sehr traurig. Und wenn Sterne traurig sind, dann leuchten sie nur noch ganz schwach.
Das fiel auch dem guten alten Mond auf und er fragte die sonst so fröhlichen Sterne, was los sei.

Da erzählte ihm der kleine Stern von dem Rufen.

»Nun«, sagte der alte Mond schließlich. »Du musst deinem Herzen folgen.«

»Aber dann sind meine Freunde ganz traurig.«, flüsterte der kleine Stern.

Der Mond nickte.

»Es ist traurig, dass du gehst. Für uns alle. Aber es ist noch schlimmer, wenn du hier bleibst für uns und dann selber immer trauriger wirst.«

Der Mond sah die drei anderen Sterne an. »Oder wollt ihr das?«

Da schüttelten die drei Sterne schnell den Kopf. Nein, das wollten sie wirklich nicht.

»Na also!«, sagte der Mond. »Dann ist es wohl an der Zeit, kleiner Stern. Mach dich auf die Reise!«

Da leuchtete der kleine Stern so hell auf, wie er noch nie in seinem ganzen Leben geleuchtet hat. Und als die anderen Sterne das sahen, da ging es ihnen auch gleich wieder besser. Sie kuschelten sich noch einmal ganz eng aneinander. Dann sprang der kleine Stern mit einem großen Satz vom Himmel auf die Erde. Und in diesem Moment konnte man eine wunderschöne Sternschnuppe am Himmel sehen.

»Und das warst du«, sagt Mama da zu Emilia. »Wir haben dich gerufen mit all unsrer Liebe, bis du zu uns gekommen bist. Zu uns in unsere Arme.«

Emilia sitzt ruhig neben Mama und stellt sich alles ganz genau vor.

»Sind alle Menschen Sterne, bevor sie auf die Welt kommen?«, fragt sie dann.

»Ja, das glaube ich«, sagt Mama.

Emilia gefällt das. Und da kommt ihr plötzlich ein Gedanke. Ja, jetzt weiß sie es!

»Oma ist wirklich im Himmel!«, ruft Emilia laut. Sie ist ganz aufgeregt. »Oma ist wieder bei den Sternen! Sie ist selbst wieder ein Stern geworden! Na klar, sie hat sich zurückverwandelt, weil ihre Freunde im Himmel sie gerufen haben.«

Emilia will gleich zu Papa und ihm davon erzählen. Dann muss er nicht mehr so traurig sein. Aber als sie nach unten kommt, sitzt Papa im Sessel und weint. Er sitzt einfach nur da und weint. Emilia weiß nicht, was sie machen soll. Eigentlich weint doch immer nur sie und dann wird sie von Mama oder Papa getröstet. Emilia weiß aber gar nicht, wie sie Papa trösten soll. Langsam geht sie zu ihm. Sie legt ihre Hand auf sein Bein und streichelt ihn. Ganz leicht nur, mit den Fingerspitzen.

»Oma ist wieder ein Stern«, flüstert Emilia. Aber sie flüstert so leise, dass Papa sie gar nicht hört. Weil der Klumpen in ihrem Bauch wieder da ist, riesengroß. Und irgendwie kann Emilia deswegen gar nicht mehr gut sprechen. Zum Glück kommt Mama und nimmt Papas Hand. Papa sagt, dass er heute nicht zur Arbeit geht. Dass er zu Opa geht, um ihm zu helfen wegen der Beerdigung. Opa ist ja jetzt ganz alleine, ohne Oma.

Als Papa gegangen ist, setzen sich Emilia und Mama im Wohnzimmer auf das Sofa. Sie kuscheln sich ganz eng aneinander. Kuscheln tut gut an so traurigen Tagen, denkt Emilia. Sie denkt auch an Papa, der jetzt allein zu Opa geht.

»Warum weint Papa so viel?«, fragt Emilia ihre Mama.

»Es ist schwer auszuhalten für dich, wenn Papa weint, oder?«

Emilia nickt. Papa ist doch ihr starker Papa.

»Weißt du, Schatz, es ist jetzt gut für Papa, wenn er weint.«

»Weinen ist gut?«, fragt Emilia erstaunt.

»Ja, denn das ist Papas Traurigkeit und durch das Weinen kommt die Traurigkeit aus ihm raus«, erklärt Mama. »Bei Papa ist sehr viel Traurigkeit, weil Oma seine Mama war. Und da die ganze Traurigkeit nicht auf einmal rauskommen kann, sondern immer nur ein bisschen mit jedem Weinen, kann es noch einige Tage dauern.«

»Armer Papa«, sagt Emilia.

»Mach dir keine Sorgen«, sagt Mama und schaut sie liebevoll an, »es kann sein, dass du auch noch mal so traurig wirst, dass du wieder weinen musst. Und das ist gut. Und ich bin immer für dich da.«

»Bist du nicht traurig?«, fragt Emilia.

»Doch«, sagt Mama. »Ich bin auch traurig, aber meine Traurigkeit ist anders. Nicht mit so viel Weinen. Meine Traurigkeit macht, dass ich ganz nah bei den Menschen sein möchte, die ich liebe. Bei dir und Papa.«

»Das macht meine Traurigkeit auch!«, sagt Emilia und schmiegt sich ganz eng an Mama.

Da flüstert Mama ihr ins Ohr, dass sie jetzt was Schönes zusammen machen, denn wenn so viel Traurigkeit da ist, dann ist es wichtig, was Schönes zu machen, damit die Traurigkeit einen nicht auffrisst.

Emilia schaut erschrocken auf. »Ist die Traurigkeit ein Monster?«, fragt sie und hat ein bisschen Angst.

»Nein«, sagt Mama. »Kein richtiges Monster. Aber manchmal fühlt es sich so an, weil die Traurigkeit so schwer auszuhalten ist.«

»Ich habe Angst vor der Traurigkeit«, sagt Emilia.

Und das stimmt. Weil sich die Traurigkeit so groß anfühlt, glaubt Emilia, dass sie nie mehr glücklich sein kann, jetzt, wo Oma tot ist.

»Das kann ich verstehen«, sagt Mama. »Aber weißt du, die Traurigkeit, die gehört zu dir. So wie dein Lachen, deine Liebe, deine Wut, deine Angst, so wie alle deine Gefühle. Sie kommt von ganz alleine. Und sie will dir nichts Böses. Sie zeigt einfach nur, dass du Oma so lieb gehabt hast.«

»Aber es fühlt sich an, als ob innen in mir drin was kaputtgeht, Mama«, sagt Emilia. Innen in Emilia drin fühlt es sich an, wie in einem kalten großen Loch. Aber so richtig kann sie gar nicht sagen, wie sich das anfühlt.

Da deckt Mama sie mit der flauschigen Kuscheldecke zu und macht ihr eine Wärmflasche. Die legt Emilia sich auf den Bauch. Genau da, wo der Klumpen ist oder das Loch oder beides zusammen. Das hilft.

»Weißt du, ich kann deine Traurigkeit nicht wegzaubern«, sagt Mama. »Aber ich kann versuchen, dir eine Pause von der Traurigkeit zu verschaffen, damit du ein bisschen Kraft sammeln kannst, bevor sie wiederkommt. Traurig sein ist sehr anstrengend. Verstehst du das?«

Emilia nickt. Ja, das kann sie verstehen.

Mama legt Emilias Lieblings-CD mit *Bibi und Tina* ein und setzt sich wieder zu ihr. Eigentlich liebt Emilia Bibis Hexereien. Heute ist das nicht so einfach, weil die Zauberei sie an Oma erinnert. Irgendwie erinnert alles an Oma – auch die weichen Kissen. Das ist wirklich ganz schön anstrengend. Irgendwann schläft Emilia ein. Ohne Traum. Ohne Traurigkeit.

Mama und Emilia bleiben den ganzen Tag zusammen. Die Traurigkeit bleibt auch bei ihnen. Mal ist sie größer, mal ist sie kleiner, aber immer ist sie da. Am Abend kommt Papa. Er hat seine Traurigkeit auch noch dabei. Papa sagt, dass er sehr müde ist und gleich schlafen will. Er gibt Mama und Emilia einen Kuss und geht ohne Essen ins Bett. Papa ist noch nie früher als Emilia ins Bett gegangen. Heute ist alles anders und das gefällt Emilia nicht. Mama merkt das.

»Komm«, sagt Mama leise zu Emilia, »wir schlafen heute alle in einem Bett, damit keiner alleine ist.«
Das machen sie dann auch. Und es hilft. Emilia liegt zwischen Mama und Papa im großen Bett und kann sie fühlen und hört sie atmen. So fühlt sie sich sicher und beschützt.
Aber später in der Nacht weckt sie die Traurigkeit wieder auf. Im Dunkeln fühlt sich die Traurigkeit noch größer an. Sie lauscht in die Stille. Es ist ganz ruhig im Haus. Nur in Emilia drin ist es nicht ruhig.
Der Vorhang vom Fenster ist nicht ganz zugezogen und Emilia kann ein bisschen vom Himmel sehen. Alles ist voller dunkler Wolken. Da schiebt sich plötzlich eine Wolke zur Seite und ein hell leuchtender Stern ist zu sehen.
»Oma!«, flüstert Emilia. Da ist sie. Glitzert und funkelt Emilia zu. Sie ist sich ganz sicher, dass Oma sie trösten will. Emilia glaubt, dass sie ihr helfen will mit der Traurigkeit. Und weil der Stern so glitzert und funkelt, weiß Emilia, dass es Oma gut geht. Traurige Sterne leuchten ja nur ganz schwach. Und Oma ist nicht allein. Um Oma-Stern herum glitzern viele andere Sterne. Ihre Freunde.

Emilia schaut lange zu Oma-Stern. Sie spricht sogar mit ihm in Gedanken. Jetzt weiß sie, dass ich sie ganz arg vermisse, denkt Emilia. Doch dann schiebt sich wieder eine Wolke vor die Sterne. Aber Emilia fühlt sich besser.
Sie kuschelt sich an Mama und Papa und schläft wieder ein.

Die Beerdigung

Ein paar Tage später weckt Mama Emilia sehr früh am Morgen. Heute ist Omas Beerdigung. Papa weint nicht mehr so viel, aber zwischendurch immer noch ein bisschen.

Heute ist auch der Klumpen in Emilias Bauch wieder größer. Weil ja die Beerdigung ist. Und die Beerdigung ist das Abschiedsfest von Oma. Bei einer Beerdigung sind alle Menschen schwarz angezogen, hat Mama erklärt. Schwarz ist die Farbe für die Traurigkeit. Aber Mama hat Emilia erlaubt, ihr Lieblingskleid anzuziehen. Es ist gelb mit schillernden Glitzerpunkten drauf. Das ist gut.

Mama, Papa und Emilia fahren mit dem Auto zur Kirche in der Stadt. Es sind viele Menschen da. Alle sind schwarz angezogen und haben traurige Gesichter. Papa weint wieder. Mama weint jetzt auch. Emilia weint nicht. Es gibt so viel zu sehen.

In der Kirche ist es kühl und dunkel. Aber nicht unheimlich. Die Wände sind sehr hoch und die Fenster sind ganz bunt. Es sieht schön aus, wie die Sonne in den bunten Scheiben glitzert und Regenbogenpunkte an die Wand malt. Emilia zeigt Papa die bunten Punkte. Er nickt und lächelt. Es macht Emilia froh, dass Papa lächelt.

Mama, Papa und Emilia sitzen ganz vorne in der ersten Reihe neben Opa. Opa weint die ganze Zeit. Seine Traurigkeit ist am allergrößten. Seine Traurigkeit rüttelt richtig an ihm. Vor ihnen steht eine Holzkiste mit bunten Blumen obendrauf. Mama hat Emilia erklärt, dass das der Sarg ist. In dem Sarg liegt Oma. Aber nur Omas Körper, nicht ihr Lachen und ihre Stimme, nicht das Zauberfunkeln ihrer Augen oder ihre Kichergeschichten mit Verliebtheit. Das alles war nämlich die Seele von Emilias Oma. Und Mama meint, dass die Seele weiterreist, wenn der Körper nicht mehr weiterleben kann. Weil die Seele nicht stirbt, sondern sich verwandelt. Es fällt Emilia schwer, das zu verstehen. Aber sie glaubt auf jeden Fall auch, dass Oma sich verwandelt hat. Nämlich in einen Zauberfunkelstern am Himmel.

Dann wird mit einem Mal sehr laute Musik gespielt. Musik, die Emilia noch nie gehört hat. Die ganze Kirche ist voll davon. Die Musik ist sogar in Emilias Bauch zu spüren. Mama flüstert ihr ins Ohr, dass das die Orgel ist.

Danach kommt der Pfarrer nach vorne und spricht zu allen Menschen. Er redet sehr viel und schnell. Emilia versteht nicht, was er redet. Es ist Erwachsenen-Sprache. Aber Emilia ist sich sicher, dass er von Oma redet. Papa und Opa halten sich die ganze Zeit an der Hand und weinen. Auch Mama weint. Emilia schaut sich dann lieber die bunten Lichtpunkte an der Wand an.

Endlich ist der Gottesdienst zu Ende. Für Emilia war es anstrengend, das viele Weinen und lange still sitzen. Sie würde am liebsten ein bisschen hüpfen. Der Traurigkeit weghüpfen. Aber alle Menschen, die in der Kirche waren, gehen jetzt sehr langsam hinter dem Sarg her. Vier Männer tragen ihn zum Grab. Opa, Papa, Mama und Emilia gehen ganz nah hinter dem Sarg. Die Blumen wackeln ein bisschen. Oma wackelt dann sicher auch und findet das ganz bestimmt lustig, denkt Emilia. Vielleicht kichert sie ja gleich, da in der Kiste. Aber dann fällt ihr ein, dass Oma tot ist, und wer tot ist, kann gar nicht mehr kichern. Nie mehr. Und da ist die Traurigkeit in Emilia plötzlich wieder ganz groß und sie schiebt schnell ihre Hand in Mamas Hand und drückt sie fest. Das hilft.

Sie kommen an Omas Grab. Die Männer lassen den Sarg an Seilen in das tiefe Loch herunter.

Dann wirft Opa eine rote Blume auf den Sarg. Papa nimmt aus einem kleinen Eimer etwas Erde und wirft sie auch auf den Sarg. Emilia findet das komisch. Aber Mama erklärt ihr dann flüsternd, dass sie Oma zudecken mit ihren Wünschen für ihre Reise. »Für ihre Reise zurück zu den Sternen?«, fragt Emilia.
Mama lächelt und nickt ihr zu.

Emilia wirft Oma keine Erde auf den Sarg. Sie weiß gar nicht, was sie wünschen soll. Sie mag auch nicht, dass alle sie angucken. Eigentlich will Emilia nur, dass Oma zurückkommt. Sie versteckt sich hinter Mamas Rücken und schaut zu, wie alle Menschen der Reihe nach Oma mit Erde zudecken. Und alle Menschen schütteln Opa, Papa und Mama die Hände. Manchmal streicheln sie auch Emilias Kopf. Sie mag das überhaupt nicht, traut sich aber auch nicht, etwas zu sagen. Mama merkt es trotzdem. Sie nimmt Emilias Hand und sie gehen weg von Omas Grab.

Um den Friedhof ist eine alte, hohe Mauer. Da steht ein großer Baum. Daneben steht eine Bank. Mama und Emilia setzen sich auf die Bank.

»Ist alles in Ordnung mit dir?«, fragt Mama.

Emilia zuckt mit den Schultern. Sie weiß es nicht. Es ist alles so viel und so neu. Und sie muss die ganze Zeit an Oma in der Kiste denken und dass Oma da nie wieder rauskommt mit der ganzen Erde obendrauf.

»Bleibt Oma jetzt für immer in der Kiste?«, fragt Emilia.

»Ja, Omas Körper bleibt in der Kiste. Aber das ist nicht mehr Oma. Es ist nur der Körper. Ohne Gefühle. Ohne Oma.

Du kannst dir das ein bisschen so vorstellen, als ob der Körper von Oma ein Luftballon war, um auf der Erde rumzufliegen. Aber jetzt ist der Luftballon geplatzt. Der Teil von Oma, der in dem Luftballon war, also die Luft, hat sich mit all der anderen Luft um uns vermischt. Das ist ihre Seele. Die können wir nicht sehen. Wir kümmern uns jetzt um das, was zurückgeblieben ist. Um den kaputten Ballon.«

»Mama!«, ruft Emilia. »Rede doch nicht so einen Quatsch. Oma war doch kein Luftballon. Und sie ist auch nicht geplatzt!« Bei dem Gedanken muss Emilia wirklich lachen. Und Mama lacht auch.

»Ach, es ist schwer zu erklären. Und ich weiß auch nicht alles. Ich kann dir nur sagen, wie ich mir das vorstelle. Aber ich weiß, dass Omas Körper in der Kiste sich mit der Zeit verwandelt.«

»Verwandelt? In was?« Emilia ist sehr gespannt, denn verwandeln klingt nach Zauberei. Und Zauberei passt genau zu Oma.

»Omas Körper wird zu Erde. Auch der Sarg zerfällt und wird zu Erde. Und irgendwann bleiben nur noch Omas Knochen zurück.«

»Die Knochen?«, fragt Emilia erstaunt. »Also das ist irgendwie eklig, Mama. Das ist keine schöne Zauberei.« »Das ist der natürliche Kreislauf des Lebens, Liebes«, sagt Mama und streicht mit der Hand über die Rinde des alten Baumes neben der Bank.

»Das Schöne ist: Irgendwann graben sich die Wurzeln von einem Baum wie diesem hier in die Oma-Erde und holen sich dort Kraft für den Stamm und die Blätter und die Blüten. Und so geht alles immer weiter. Omas Tod ist nicht nur ein Ende, sondern auch Kraft für neues Leben.«

»Ich will aber lieber Oma haben und keinen Baum!«, sagt Emilia. Und das stimmt. Und Mama nimmt sie in den Arm und sagt, dass sie das verstehen kann.

Später fahren Emilia und ihre Familie mit vielen Menschen, die Emilia nicht kennt, in ein Gasthaus. Sie essen und trinken viel. Manchmal erzählt jemand eine Geschichte von Oma und alle lachen. Auf einmal ist die Laune wieder viel besser und keiner weint mehr.

Da wird Emilia wütend. Sie versteht das nicht. Sie will nicht, dass die Leute lachen. Oma ist tot. Das ist traurig. Emilia rennt einfach aus dem Gasthaus weg. Weg von dem Lachen. Weg von den Leuten. Papa kommt hinter ihr her und fragt, was los sei. Und als Emilia ihm alles sagt, nimmt Papa sie fest in den Arm. Er gibt ihr einen Kuss und sagt, dass sie etwas ganz Besonderes ist und dass er sie sehr lieb hat.

»Weißt du, Emilia, die Menschen müssen jetzt ein bisschen glücklich sein zusammen, damit sie die Traurigkeit nachher alleine wieder besser aushalten. Das ist wie Kraft sammeln für die Traurigkeit.«

Emilia nickt zwar, aber sie findet es irgendwie nicht richtig. Es fühlt sich ein bisschen an wie lügen. Emilia denkt, wenn wir traurig sind, dann können wir doch einfach zusammen traurig sein – oder nicht?

Später am Abend liegt Emilia im Bett und schaut aus dem Fenster. Oma-Stern leuchtet ganz hell. Papa kommt. Er setzt sich zu Emilia aufs Bett. Er ist sehr still, aber er weint nicht.

»Bist du immer noch so traurig?«, fragt Emilia.

»Ja«, sagt Papa. »Aber mir geht es jetzt etwas besser. Die Beerdigung war gut für mich.« »Warum?«, fragt Emilia. »Weil ich mich verabschieden konnte von Oma. Jetzt weiß ich, wo sie ist, und ich kann sie auf dem Friedhof besuchen, wenn sie mir fehlt«, sagt Papa.

»Aber Oma ist nicht auf dem Friedhof. Oma ist im Himmel!«, sagt Emilia da schnell.

Und dann erzählt sie Papa endlich die Geschichte von den Sternen, die Mama ihr erzählt hat. Und als sie Papa den Oma-Stern zeigt, da weint er doch wieder.

»Das ist der schönste Stern, den ich jemals gesehen habe«, sagt Papa unter Tränen und gibt Emilia einen Kuss. Und dann sagt Papa noch etwas, etwas, das Emilia nie mehr vergessen wird!

»Es gibt noch einen Platz, wo deine Oma ist.« Er legt seine Hand auf Emilias Brust. Genau auf die Stelle, wo die Traurigkeit am meisten wehtut. »Hier ist Oma auch. Für immer!«

»Aber da tut es mir so weh!«, sagt Emilia und muss fast weinen.

»Ja«, sagt Papa, »jetzt ist das noch so, weil Oma noch nicht lange tot ist. Das ist wie eine Verletzung, die heilen muss. Das dauert eine Weile. Aber dann, irgendwann, bleiben uns die schönen Erinnerungen. Und immer wenn wir uns erinnern, dann wird es hier ganz warm. Hier in deinem Herzen!«

»Oma wohnt in meinem Herz?«, fragt Emilia und ist sehr erstaunt.

»Oma wohnt in all unseren Herzen«, sagt Papa. »Natürlich nicht die Oma, wie sie war. Nicht der Mensch. Aber alle Erinnerungen an Oma mit allen Gefühlen.«

Und dann legt Papa seinen Mund auf Emilias Brust und pustet warme Luft, bis es wirklich ganz warm wird. Das fühlt sich schön an. Wunderschön!
Deshalb pustet Emilia Papa dann auch warme Luft auf die Brust. Und plötzlich lachen beide ganz laut und glücklich und Papa nimmt Emilia fest in den Arm und Emilia nimmt Papa fest in den Arm. Und mit einem Mal weiß Emilia ganz genau, dass sie genug Kraft hat für die Traurigkeit. Weil sie

nicht alleine ist. Weil Papa, Mama und Emilia sich gegenseitig helfen mit ihrer Traurigkeit.

Mama kommt ins Zimmer und ruft: »He, hier wird ja gelacht. Da will ich aber unbedingt dabei sein!« Und dann nimmt Mama Emilia und Papa, also beide zusammen, in den Arm. Und sie lachen alle drei.

Oben am Himmel leuchtet Oma-Stern.

Und Emilia ist sich sicher, sie kichert mit.

Nachwort

Die Traurigkeit war noch lange bei Emilia. Auch heute ist sie noch manchmal da, obwohl Oma jetzt schon lange tot ist. Aber es wird immer besser, weil Emilia darüber spricht und weil sie ihre Mama und ihren Papa hat, die ihr zuhören und ihr ehrlich sagen, was sie denken und fühlen. Das hat Emilia wohl am meisten geholfen. Die Ehrlichkeit und das Gefühl, traurig sein zu dürfen.

© Hanna Witte

Anja Kieffer, geboren 1978, hat sich als ausgebildete Jugend- und Heimerzieherin zu einer weiteren Ausbildung als Schauspielerin entschlossen. Neben diversen Schauspielengagements und Sprecherrollen widmet sie sich dem szenischen Schreiben.
Anja Kieffer lebt mit ihrer Familie in Köln.

© Privat

Katja Pagel, geboren 1978, ist Dipl. Grafik-Designerin. Sie hat zahlreiche Bücher illustriert und ist Inhaberin der Werbeagentur BICEPS in Braunschweig.

MIX
Papier | Fördert gute Waldnutzung
FSC® C004378

Penguin Random House Verlagsgruppe FSC® N001967

3. Auflage, 2024

Druck und Bindung: PB Tisk, a.s., Pribram
Printed in Czech Republic
ISBN 978-3-579-07317-0
www.gtvh.de